AF248289

RETOUR

A DIEU ET A SA LOI

OU

MOYEN D'AIDER EFFICACEMENT L'EMPEREUR NAPOLÉON

A COURONNER SON PROGRAMME :

L'EMPIRE C'EST LA PAIX.

Par M. BERTHAULT-GRAS,

ANCIEN ÉLÈVE DE L'ÉCOLE POLYTECHNIQUE.

« Aide-toi, le ciel t'aidera. »

CHALON-SUR-SAONE,

IMPRIMERIE J. DEJUSSIEU, RUE DES TONNELIERS, 5.

1862.

A S. M. L'EMPEREUR NAPOLÉON III.

Sire ,

Napoléon 1ᵉʳ nous a sauvés de l'anarchie ; mais nous y sommes retombés, et, à votre tour, suivant l'exemple de votre oncle, vous nous avez tirés d'une pareille situation. Mais notre rechute dénote chez nous de grandes dispositions au mal ; et, aujourd'hui, vous le sentez certainement vous-même, votre tâche consiste principalement à nous corriger de nos vices, car, ceux-ci détruits, nous aurons peu à craindre des rechutes.

Dans un pareil travail, Dieu ne demande pas mieux que de nous aider, mais il exige de nous de la bonne volonté. Eh bien ! j'ose espérer que vous en trouverez quelque peu dans cette œuvre, et que, malgré ses défectuosités, vous lui accorderez votre approbation.

Je suis avec respect,

Sire ,

de votre Majesté,

Le très-humble, très-obéissant et fidèle sujet,

F. BERTHAULT-G.

RETOUR A DIEU ET A SA LOI.

Tandis que le progrès de quelques individus dans les sciences et les arts partiels : chimie, physique, mécanique, musique, peinture, sculpture, etc., fait éprouver de grandes et légitimes jouissances, et fait naître l'espoir de voir l'humanité arriver prochainement à la paix perpétuelle et au vrai bonheur, le progrès en science générale et en art gouvernemental continue d'être subversif, et l'homme devient de plus en plus malheureux.

Un de mes amis, M. X..., m'a dit qu'un progrès ne peut pas être malheureux. A cela je réponds qu'un homme qui a un goût prononcé pour le vin et les liqueurs fortes doit faire tous ses efforts pour ne pas abuser de ces choses. Dieu le lui commande dans son for intérieur. Eh bien, s'il n'écoute pas le meilleur des pères, s'il continue d'abuser, il progresse dans le mal, devient ivrogne, se nuit à lui-même, à son prochain, et il mécontente Dieu : son progrès est donc malheureux. On peut en dire autant de la plupart des goûts actuels des hommes ; car habituellement ceux-ci aiment le mal et détestent le bien. Mais qu'ils écoutent Dieu, qu'ils conforment leur volonté à la sienne, et leur progrès sera heureux en art gouvernemental.

Cet art, qui consiste à imprimer à son esprit, à son cœur, à ses sens, à sa conscience et à sa volonté, un essor harmonique enseigné par Dieu, suit même une marche tellement accélérée dans le mal, que je crois devoir avertir les individus, les familles et les sociétés de France et d'Europe des périls qu'ils courent, s'ils ne se hâtent de sortir de l'ORDRE TEMPOREL (ordre inférieur pendant lequel le Maître suprême est sans cesse obligé de recourir à son code pénal), et de rentrer dans l'ORDRE ÉTERNEL (dans le royaume de justice) où depuis longtemps je cherche à pénétrer, ainsi qu'il est facile de s'en assurer en lisant mon *Essai* et mon *Instruction sur l'art d'être heureux.....* [1].

Le fait est que pour les plaisirs que nous procurent les progrès accomplis en choses d'ordre secondaire, locomotion par la vapeur, télégraphie électrique, photographie, etc., il nous arrive des quantités innombrables de malheurs : intempéries de plus en plus désordonnées, inondations, incendies, maladies des végétaux, des animaux, de l'homme, paupérisme, cherté des subsistances, falsification des produits, pénurie croissante de serviteurs dans les travaux du ménage et de l'agriculture, grèves des ouvriers, guerres

---

[1] Renvoyant fréquemment à ces opuscules, où sont démontrées plusieurs propositions sur lesquelles je crois devoir m'appuyer ici, je prie les lecteurs de n'y recourir qu'après y avoir fait les corrections indiquées aux dernières pages.

des industriels, des financiers, des commerçants et des politiques, guerres d'autant plus terribles que la chimie, la physique et la mécanique leur viennent en aide et sont utilisées par l'immense majorité des hommes, pour satisfaire toutes sortes de concupiscences. En un mot, le génie et les inventions de l'homme en art militaire et en moyens de se rendre malheureux, surpassent de beaucoup son génie et ses inventions en art pacifique et en moyens de se rendre heureux.

Et comment en serait-il autrement? Est-ce que l'on peut faire des progrès dans une science ou dans un art que l'on n'aime pas et dont on ne s'occupe pas? Or, comme partout on cherche à satisfaire la vanité, l'orgueil, l'envie, la paresse, etc., il est tout simple qu'on fasse des progrès dans le mal et non dans le bien.

Cependant, j'ai dit que les récentes découvertes en choses d'ordre secondaire étaient le prélude de celles qui allaient se faire en politique, en morale, en civilisation, en religion [1]. Mais si j'ai tenu un tel langage, c'est que déjà j'étais sur les traces de la loi divine ; et si ce que j'ai publié sur ce sujet n'a pas été assez saillant pour attirer les chefs des peuples dans cette voie, j'espère être plus heureux aujourd'hui, et les décider à étudier d'une manière toute spéciale le problème que Jésus-Christ et Napoléon Ier ont vainement essayé de résoudre [2], et dont la solution consiste à reconnaître la volonté de Dieu et à s'y conformer.

Si, résistant peu à la tentation de mal faire, et n'écou-

Instruction..... page 27, lignes 16, 17, 18.
   Id.   page 33, lignes 14, 15.

tant pas suffisamment les avertissements bienveillants de Dieu, celui-ci m'a châtié et m'a obligé à faire de grands efforts pour retrouver quelques parcelles de sa loi, que Jésus-Christ recommandait de chercher avant tout, et dont la pratique commence à me faire voir et sentir le bonheur, il me paraît qu'un résultat semblable ne tardera pas à se produire progressivement chez les individus, les familles, les sociétés, les peuples et le genre humain tout entier. Nous devons d'autant plus souhaiter d'arriver promptement à cette situation, que nous épargnerons au ciel et à nous-mêmes le douloureux spectacle des misères de tous genres que nous amoncelons sur nos têtes, en nous obstinant à violer la loi du meilleur des pères; de plus, nous délivrerons celui-ci de la triste nécessité de nous infliger des punitions proportionnées à notre opiniâtreté à ne pas l'écouter; puis, nous éviterons d'affaiblir encore notre constitution déjà bien délabrée, et de rendre plus pénible son rétablissement. Dans l'espoir de prévenir ces disgrâces et de hâter ce travail de régénération, je vais essayer de montrer au gouvernement qu'il ne remplit pas son devoir [1]; il ne progresse pas dans le bien (dans la voie de Dieu et de sa justice), et dès-lors il n'éclaire et ne dirige pas convenablement la France; car journellement il laisse publier, sans les rectifier, une multitude d'erreurs en art gouvernemental. Ainsi, dans un article du *Courrier de Paris*, du 13 mars 1860, intitulé : *La raison d'État*, M. Hipp. Castille écrivait :

« Le génie de la raison d'État n'est autre chose que

[1] *Essai*..... page 29. lignes 14, 15, 16.

» l'aptitude à gouverner les sociétés humaines. Les livres
» n'enseignent point cette science...... Pour nous, qui
» sommes de cette école simple et modeste qui vit dans
» le cercle des affaires publiques.......

» La raison d'État, pour nous, c'est tout uniment le
» besoin naturel que l'État éprouve de se conserver, d'une
» part, et d'autre part de sauvegarder les intérêts généraux
» tels qu'il les conçoit. Et je défie le plus madré casuiste
» de lui demander plus, à moins que ce casuiste ne soit
» un jésuite, dans l'acception populaire du mot, ou, ce
» qui revient au même, un économiste embaumé de vertu
» et prêchant à l'État l'abnégation absolue, c'est-à-dire sa
» propre annihilation.

» La raison d'État et le salut public sont pour nous
» même chose, que l'État se nomme d'ailleurs convention,
» empire ou royauté.

» Raison d'État et raison individuelle, réglementation
» et liberté, pratique et théorie, sont des antinomies éter-
» nelles destinées à vivre sur ce globe comme le double
» cercle polaire. Ce vieux dualisme enserre le monde dans
» sa double étreinte et vit par une permanente transaction
» qui constitue l'assiette de la politique, c'est-à-dire l'art
» de gouverner. Sous l'empire de cette loi, qui nous astreint
» sans nous rendre absolument esclaves, chacun de nous
» agit individuellement, selon les déterminations de sa
» conscience. On ne peut pas dire que l'homme soit esclave
» parce qu'il est soumis, comme le reste de la nature, à un
» ensemble de lois..... Dans l'élément de sa condition,
» chaque être se meut selon son vouloir.

» Pour un peuple, comme l'ont fort bien dit la Con-

» vention et l'empereur Napoléon 1er, le salut public est
» la suprême loi. Pour l'individu, le salut personnel est
» la loi suprême. Or, de même que la nature a en vue la
» conservation des espèces et non celle des individus,
» l'État a pour mission la conservation du peuple, et non
» le bon plaisir du particulier. Sa raison est conforme à
» son essence.

» ..... Quoi que puisse dire M. Ferrari de l'indifférence
» de Dieu et de Satan pour la nature et l'homme, je crois
» encore à la justice, et c'est à mon sens dans ses inspi-
» rations que la raison d'État doit chercher la règle de son
» application. Et pour que l'homme ait conscience de ce
» devoir, quelles que puissent être d'ailleurs les lois qui
» l'enchaînent dans la sphère étroite où il s'agite, il faut
» qu'il y ait au-dessus de lui quelque puissance suprême
» qui ne soit pas absolument indifférente à ses destinées.

» La vie n'est déjà pas si belle et si riante quand on
» jette un regard en arrière sur la sombre et sanglante
» chronique du genre humain...... »

Voici à peu près la critique (non publiée) qu'à cette
époque je fis de cet article :

Au nom de son bonheur, de celui de sa famille et de
l'humanité, je supplie M. Castille de se recueillir et de se
préoccuper des affaires publiques et privées mieux qu'on
ne l'a fait jusqu'à ce jour ; car, en ces matières, ceux qui
se sont posés comme autorités ou qu'on a voulu faire passer
pour telles, ont toujours fait preuve d'ignorance, de
faiblesse ou de mauvaise volonté en accomplissement de
leurs devoirs envers Dieu ; n'ayant pas fait tous leurs
efforts pour dompter leurs mauvais penchants, ils n'ont

pas mérité l'assistance du plus excellent des maîtres, et sont restés presque aussi malheureux que les masses qu'ils prétendaient bien gouverner !

Ce n'est pas en tournant dans le cercle de vices où se meuvent les peuples et leurs membres, qu'on peut les en faire sortir ; c'est en acquérant des vertus dont ils sont privés, et, pour les éclairer, il faut s'élever soi-même au-dessus de leur horizon, afin de saisir la lumière divine et la leur transmettre.

Que M. Castille fasse ses plus grands efforts pour comprendre les leçons de cette puissance suprême dont il parle, et qui certainement n'est pas indifférente à nos destinées, et il ne tardera pas à voir que, lorsque, continuant à mal faire malgré les avertissements de Dieu, un peuple est tombé dans une situation tellement malheureuse que, semblables à des bêtes féroces, ses membres sont entraînés à se massacrer et à se détruire les uns les autres, au lieu de s'aimer et de se rendre mutuellement heureux, c'est aux individus les plus modérés à redoubler d'énergie contre leurs mauvaises passions, et à donner l'exemple du retour à l'obéissance au père commun des individus, des familles, des peuples et de leurs gouvernements.

Eh bien ! deux fois dans un intervalle de soixante ans, le peuple français a donné au monde le spectacle d'un pareil entraînement ; deux fois il a exercé sur lui sa furie, et, dans l'espace des cinq années qui viennent de s'écouler, il a montré, en Crimée et en Italie, la persistance de sa vanité et son impuissance ou sa mauvaise volonté à réaliser l'harmonie de toutes les facultés dont Dieu permet et commande l'essor. Que le gouvernement produise un

spécimen ou échantillon de cette harmonie, et il couronnera
bientôt le programme de l'Empereur ; il fera la conquête
du monde catholique et du gouvernement pontifical, qui
croient qu'on ne peut rétablir le bonheur sur terre, et il
leur évitera ainsi qu'à lui-même la dure nécessité de recourir aux épouvantables moyens de destruction en usage
aujourd'hui. Pie IX verra que Napoléon III parvient à
vaincre l'ennemi commun du genre humain — le péché —
et, à son tour, il le domptera. Alors, l'incompatibilité,
la discorde, tantôt ouverte, tantôt cachée, qui existe entre
le gouvernement impérial et le gouvernement pontifical, sera
remplacée par l'accord volontaire sanctionné par Dieu.

Cet accord que Napoléon Ier n'a pu réaliser avec Pie VII,
s'établira également en France entre l'autorité civile et l'autorité religieuse, et mettra fin à l'ordre temporel [1].

C'est cet accord que Jésus-Christ aurait créé entre lui
et César, s'il eût retrouvé le royaume de Dieu et sa loi
qu'il recommandait de chercher avant tout, c'est-à-dire
s'il eût réalisé en lui-même l'harmonie de toutes les passions
permises et secondées par Dieu [2].

Or, depuis la chute ou scission volontaire de l'homme
avec le père commun, les actes passés et actuels de la
France, actes qui constituent sa conduite, sa politique

---

[1] *Retour à Dieu....* page 2, ligne 12.

[2] La politique des César était désapprouvée par Jésus-Christ. « Vous
» savez, disait-il à ses disciples, que les princes des nations les domi-
» nent et que les grands les traitent avec empire. Il n'en doit pas être
» de même parmi vous ; mais que celui qui voudra devenir plus grand,
» soit votre serviteur, et que celui qui voudra être le premier d'entre
» vous, soit votre esclave. » Évang. selon saint Matth., chap. xx,
v. 25, 26, 27.

habituelle, n'offrent en aucune façon le spectacle d'une pareille harmonie ; ils ne lui font obtenir aucune véritable autorité [1], et ils ne donnent aux autres peuples aucune garantie qu'elle les conduira à la vraie gloire, à la victoire sur le penchant au mal et à la réhabilitation de l'humanité.

Qu'elle cesse donc de croire à sa souveraineté et de se figurer qu'en présence des craintes et des jalousies habituelles de l'Angleterre, de l'Autriche, de la Prusse et de toutes les nations qui, en ce moment, se laissent plus qu'elle dominer par la vanité, l'orgueil, l'envie....., elle pourra éviter d'intervenir par les armes.

C'est en vain qu'aujourd'hui elle diminue son armée ; si elle persiste à ne pas mériter l'approbation du juge souverain ; si elle veut toujours suivre une politique de transaction avec le péché [2], elle sera, comme en 1858, entraînée [3] dans des guerres que transmettront à la postérité épouvantée de nouvelles pages ajoutées à la sombre et sanglante chronique du genre humain.

Qu'elle comprenne qu'il est absolument impossible d'éta-

---

[1] *Instruction....* page 41, lignes 16, 21, 22.

[2] Id. page 34, ligne 13 et suivantes.

[3] «... Cette lutte qui se prépare en Italie, disait M. de Persigny en
» août 1860, nous avons tout fait pour la prévenir, car non-seulement
» nous avons prodigué les conseils à l'Autriche, à la Sardaigne, nous
» avons conjuré l'Europe elle-même de mettre un terme à cette situation.
» Si la lutte est aujourd'hui inévitable, ce n'est pas nous qu'on doit en
» rendre responsables, mais bien plutôt l'Europe elle-même, qui, en
» refusant au congrès de Paris la proposition faite par la France et l'An-
» gleterre de régler les affaires d'Italie, a manqué l'occasion de prévenir
» la guerre civile..... » — (*Journal des Villes et des Campagnes*,
31 août 1860.)

blir des concerts ou accords heureux avec des êtres qui se contentent de se modérer en essor de passions défendues par Dieu.

Celui-ci, en effet, n'accepte pas que nous usions de modération à leur égard. Pour la nature entière, il ne veut ni juste milieu, ni égalité entre le bien et le mal, ni équilibre, ni compensation entre la vertu et le vice ; il veut la ruine complète de celui-ci et le développement indéfini de la vertu, c'est-à-dire un bonheur exempt d'inquiétude et croissant en proportion des soins que ses enfants mettent à se conformer à ses leçons bienveillantes, ou un malheur accompagné d'inquiétude ou de sécurité illusoire et croissant en proportion de leur négligence à le prendre pour modèle suprême de conduite. En un mot, Dieu veut pour tous la passion du bien et l'horreur du mal, tandis qu'aujourd'hui c'est l'amour du mal et la haine du bien qui d'ordinaire se manifestent chez les hommes ; les modérés forment l'exception, mais, je le répète, Dieu ne se contente pas de modération. Sans doute, quand on est dans le mal, plus on est modéré, moins on est loin d'accorder sa volonté avec celle du Juge souverain, moins on fait de charivari ; mais, en fin de compte, ce sont toujours la contradiction, la déraison et le malheur qui dominent, même chez les hommes, les familles, les sociétés et les peuples les plus modérés.

Sous l'influence d'une pareille politique, la raison n'existe ni dans l'État, ni chez l'individu ; un antagonisme permanent subsiste entre eux et Dieu, celui-ci les sollicitant à faire le bien, afin de les réintégrer dans l'ordre naturel, et ceux-là ne faisant point d'efforts ou n'en faisant que d'insuffisants pour secouer le joug qu'exercent sur eux leurs mauvais penchants.

Dès-lors il est évident que, dans leur définition du salut public, la Convention et l'empereur Napoléon Ier n'ont pas fait preuve de vrai savoir gouvernemental : en effet, le public étant une collection d'individus, le salut d'un peuple dégradé ne peut s'opérer que par la régénération des individus dont il est composé, c'est-à-dire par le retour spontané de chacun à Dieu, et dès-lors par la destruction de la vanité, de l'orgueil et de tous les goûts dépravés chez chaque individualité.

M. Castille ne me semble pas non plus avoir prouvé qu'il cultivait premièrement et connaissait Dieu et la nature lorsqu'il a écrit : « Or, de même que la nature a en vue » la conservation des espèces et non celle des individus, » l'État a pour mission la conservation du peuple, et non » le bon plaisir du particulier. »

En effet, nous sommes tous fils de Dieu, et, comme il est le plus parfait et le meilleur des pères, il veut constamment et éternellement conserver à l'état heureux les individus et les espèces, et SAUVER ou ramener à cet état ceux qui en sont sortis. Par conséquent, il veut que les peuples et les particuliers agissent non selon leur caprice ou bon plaisir, mais qu'ils s'efforcent premièrement de détruire le mal en eux et se passionnent pour le bien. Or, comme, depuis la chute, l'espèce humaine et chacun des individus dont elle est composée font tout le contraire et continuent à se dégrader, Dieu continue de les châtier en proportion de leur culpabilité, afin de les ramener dans la voie du bonheur, c'est-à-dire afin qu'ils concourent avec lui à opérer leur salut.

Le peu de cas qu'aujourd'hui M. Castille fait des particuliers, et son respect pour les peuples et les espèces
sont donc mal fondés. Sans doute aujourd'hui les uns et
les autres sont méprisables ou dignes seulement de commi-
sération en politique ou conduite générale de l'esprit, du
cœur, des sens, de la conscience et de la volonté, puisque
tous succombent d'ordinaire à la tentation de mal faire,
et laissent plus ou moins s'engourdir leur faculté de faire
le bien, ou ne le font que dans les choses d'ordre secondaire.

Ainsi, il est des individus qui sont moins blâmables
qu'une multitude de peuples ; puis, nombre de peuples qui
le sont plus que certains individus, et c'est sur ces inéga-
lités de démérites qu'est fondée la hiérarchie terrestre des
individus, des familles, des peuples et des races.

Remarquons que, lorsque des nations arrivent à une
certaine prépondérance en sciences et arts d'ordre secondaire, ce sont toujours des particuliers inspirés de l'individualité la plus parfaite (c'est-à-dire de Dieu), qui leur
ouvrent la voie. C'est ainsi que Watt et Fulton ont été les
initiateurs des peuples qui se distinguent aujourd'hui en
locomotion par la vapeur ; et si, par sa découverte de la
rotation de la terre autour du soleil, Galilée a dévoilé l'i-
gnorance et dissipé, sur ce fait, les ténèbres de la société
catholique et du genre humain, qui croyaient à la rotation
du soleil et des étoiles autour de la terre, n'est-il pas à
souhaiter qu'aidés de Dieu, moi ou d'autres, nous par-
venions à dissiper les ténèbres des hommes, en moyens de
rétablir la paix et le bonheur sur terre ou de couronner le
programme de l'empereur Napoléon ?

Pour motiver son assertion que la nature a en vue la conservation des espèces et non celle des individus, M. Castille me dira-t-il que les individus meurent et que les espèces ne meurent pas? Dans ce cas, je lui répondrai que l'immortalité appartient à Dieu et à ses œuvres; celui-ci étant immortel, la nature, qui est son ouvrage, l'est aussi. Avant que Dieu ne l'ait créée, elle existait dans son sein, et le meilleur des pères ne tuerait pas sa fille, il la corrigerait comme il nous corrige, si elle ne remplissait pas ou si elle remplissait mal les fonctions pour lesquelles il l'a mise au monde.

Or, les individus aussi bien que les espèces étant des enfants, des œuvres de Dieu, ils sont immortels [1]; la vie future est donc la continuation de celle-ci [2], et tout gouvernement qui a un ministère des cultes, est tenu, s'il veut bien diriger ceux-ci, de prouver sa compétence religieuse en donnant sur la vie future et ses rapports avec la vie actuelle des enseignéments vraiment scientifiques ou venant réellement du plus savant de tous les êtres; et, en ce qui concerne cette vie, il doit donner des enseignements clairs, précis : 1° sur les devoirs de Dieu envers lui-même; 2° sur les droits et les devoirs mutuels de Dieu envers ses créatures, et particulièrement envers l'homme, ainsi que sur ceux de l'homme envers Dieu; 3° enfin, sur les devoirs et les droits mutuels des individus, des familles, des sociétés et des

---

[1] *Essai*..... chapitre III.

[2] L'homme étant immortel, ce n'est pas à faire de longues séances (à atteindre un grand âge), soit ici-bas, soit dans la vie d'outre-tombe, qu'il doit principalement s'attacher; c'est à recouvrer l'estime de Dieu, de soi-même, de son prochain et, par suite, le vrai bonheur.

peuples, les uns à l'égard des autres. Eh bien, je crois ne pas me tromper en affirmant que personne n'a donné des enseignements satisfaisants à ce sujet, parce que personne n'a rempli son devoir le plus important, qui consiste à prendre le diapason et à suivre le mieux possible la mesure et les divers mouvements commandés par le chef de l'harmonie universelle.

Essayons de faire toucher du doigt et de l'œil aux sociétés catholique et civile françaises la déraison où elles tombent en négligeant ce devoir, et tâchons de faire naître chez elles le désir et la volonté de reprendre sérieusement ce travail entrevu mais non réalisé par Jésus-Christ, car alors elles rendront à Dieu amour pour amour, et elles seront bientôt à même d'obtenir la sympathie de l'empereur Napoléon, en l'aidant efficacement à couronner son programme de Bordeaux.

Celui-ci doit d'autant plus tenir à établir la paix, qu'on lui a reproché son peu de succès à accomplir ses promesses : « Un seul homme, lui a-t-on dit, avait prêté » serment à la Constitution républicaine : il lui a fallu » faire le 2 décembre. On avait dit : L'empire, c'est la » paix : et nous avons eu les guerres de Crimée et de » Lombardie. En 1859, l'Italie devait être libre jusqu'à » l'Adriatique : l'Autriche est encore à Vérone et à » Venise. Le pouvoir temporel du pape devait être res- » pecté, nous savons où il en est, etc. »

Faisons remarquer à ce sujet que nombre de promesses ne doivent jamais être respectées, telles sont celles qui ont pour effet de maintenir l'homme en révolte contre Dieu, et la fidélité à la Constitution républicaine française était de ce nombre ; puis il en est qui doivent être accomplies avec tous les soins et l'énergie dont on est susceptible, telle est la promesse d'établir la paix. Mais, pour s'acquitter de celle-ci, il faut du temps, car les Français sont très-coutumiers du fait de violation de serments et de promesses de se bien conduire : les ivrognes ne sont pas seuls à en donner de fréquents exemples ; les maris se parjurent, les uns de fait, les autres d'intention, envers leurs femmes, et celles-ci envers leurs maris, et ils engendrent des enfants qui portent infailliblement les stigmates de leurs vices ; enfin, tous sont vaniteux et ont une multitude de défauts.

Or, on ne peut, du jour au lendemain, rendre vertueux, savant et sain, un peuple vicieux, ignorant et malade, surtout en employant des moyens ordinaires ; on ne peut, du jour au lendemain, inspirer à une société la volonté de se réformer quand, ayant perdu depuis longtemps l'amour de Dieu et la volonté d'exécuter ses commandements, elle aime toujours ses vices. Il n'est donc pas surprenant que, malgré ses appels réitérés aux grandes puissances de l'Europe et ses bons désirs, l'Empereur n'ait pas encore réussi à établir le véritable accord entre des sociétés et des peuples qui donnent des signes permanents de démence politique et religieuse.

Prouvons cette démence : Les catholiques disent leur société infaillible, et en même temps ils disent que le bonheur n'est pas de ce monde. Eh bien, il y a là absence complète de raison ; car si la société catholique était infaillible, elle ne commettrait pas de fautes, et le bonheur existerait chez elle ; puis son contact habituel avec les autres sociétés humaines finirait par les faire arriver aussi au bonheur.

Il est de fait que les catholiques se sentent très-faibles et très-faillibles en présence du fruit défendu, puisque, chaque jour, en récitant l'Oraison dominicale, ils demandent à Dieu de ne pas les laisser succomber à la tentation, et, dans le *Confiteor*, ils reconnaissent qu'ils y succombent, et s'en accusent en disant : « *C'est ma faute, c'est ma faute, c'est ma très-grande faute.* » Certes, c'est bien là de la déraison. Ils prouvent, comme l'a dit Montesquieu, qu'il y a autant de vices qui viennent de ce qu'on ne s'estime pas assez que de ce que l'on s'estime trop. Pour s'estimer à sa *juste valeur* (ni trop, ni pas assez), il faut posséder un jugement sain, c'est-à-dire un esprit, un cœur, une conscience, une volonté et des sens droits (semblables à ceux par lesquels Dieu se fait connaître à ses enfants) ; en un mot, il faut être vertueux et non vicieux. Eh bien, tantôt les catholiques restent en deçà, tantôt ils vont au-delà des limites entre lesquelles Dieu a commandé au genre humain d'exercer son activité. Ainsi le Maître suprême ne permet à personne d'être orgueilleux, et cependant ils commettent cette faute, et manifestent une beaucoup trop haute estime d'eux-mêmes quand ils soutiennent que leur Église est infaillible ; puis ils tombent dans le vice opposé : le mépris exagéré de soi-même, quand ils pèchent habituellement en pensées, en paroles et en actions. Alors, ainsi qu'ils le confessent eux-mêmes, c'est bien véritablement leur faute. En effet, il est du devoir d'un bon père d'accueillir des fils repentants et de les seconder, lorsqu'il les voit faire de grands efforts pour exécuter ses commandements. Or, Dieu étant le meilleur des pères, il ne manquerait certainement pas à ce devoir à l'égard des catholiques, s'ils faisaient d'énergiques et de persévérants efforts pour lui obéir. Dans ce cas, ils lui rendraient un véritable service en lui fournissant une occasion d'atténuer leurs peines, et, progressivement, celles des sociétés avec lesquelles ils sont en fréquente relation, car celles-ci s'amélioreraient infailliblement au contact habituel d'hommes qui travaillent avec ardeur à remplir leurs devoirs envers le législateur suprême, et bientôt celui-ci ne serait plus dans la triste nécessité d'administrer des douches (déluges, inondations), des saignées copieuses (guerres civiles et internationales), et toutes sortes de remèdes héroïques aux divers peuples de la terre.

Quant à la société civile, son manque de bon sens n'est guère moins palpable que celui des catholiques ; car elle prétend que l'homme a le droit d'abuser, et elle punit par des amendes, par la prison, les travaux forcés, etc., ceux qui abusent. En un mot, elle châtie ceux qui suivent ses dogmes et ses exemples ! « *Le droit de propriété*, disait » M. Letellier, dans le *Courrier* du 20 avril 1860, *com-* » *porte, comme privilège incontestable, la faculté d'user et* » *d'abuser.* » L'esprit, le cœur, les sens, la conscience et la volonté d'un individu, dirai-je à M. Letellier, lui appartiennent incontestablement ; ils sont même ses propriétés les plus indéniables. Eh bien, en en abusant, il les fausse et ne remplit pas la fonction pour laquelle Dieu l'a mis au monde ; il se nuit à lui-même, à ses frères, et fait souffrir le père de l'univers. Par conséquent, l'abus n'est pas un acte droit, mais un acte subversif ; c'est une désobéissance à Dieu, une infraction à sa loi.

Sans doute, celui-ci supporte jusqu'à un certain point

les fausses notes de ses enfants, quand il les voit faire habituellement des efforts pour l'imiter, mais il n'admet pas
qu'ils aient le droit de jouer faux. En pratiquant un tel
dogme, on se met en antagonisme avec lui, et on s'enlève
toute possibilité de rétablir la paix et le bonheur en soi-
même et autour de soi.

En résumé, la société civile prétend que l'homme a le
droit d'abuser (de faire des fautes), et elle sévit contre
ceux qui en font. N'est-ce pas là affirmer et nier à la fois
une même chose ? N'est-ce pas donner une preuve de déraison, comme la société catholique, qui se prétend infaillible, et qui cependant commet des fautes, au point de dire
qu'on ne peut arriver à n'en pas faire habituellement, et
qu'on ne peut être heureux sur terre ? Et si celle-ci a été
et reste impuissante à établir le véritable accord entre les
autres sociétés, parce qu'elle n'est pas d'accord avec elle-
même et avec Dieu, comment la société civile, qui, elle aussi,
est en permanente contradiction avec elle-même et avec le
juge souverain, rétablirait-elle la paix et le véritable accord
entre les autres sociétés ?

Puisse-t-elle bientôt comprendre, et montrer mieux que
moi, qu'abuser ou mal faire n'est ni un privilège ni un
pouvoir, mais une faiblesse, une faute d'esprit, de cœur,
de sens, de conscience et de volonté, que commettent toutes
les créatures qui ne s'appliquent pas suffisamment à exécuter la partition que Dieu leur donne dans son concert ! et
je confesse que je l'ai malheureusement commise dans mon
Instruction..., pages 14, 15, en disant que Dieu a le pouvoir de mal faire. Un catholique de mes amis, à qui j'en
conserve une grande reconnaissance, m'a fort judicieuse-

ment observé que Dieu est essentiellement et éternellement parfait ; s'il faisait mal, il ne serait plus parfait, il ne serait plus Dieu; or celui-ci ne peut, ne veut, ni ne doit être faible et cesser d'être fort. A cela j'ajoute qu'il perdrait l'estime de lui-même et celle de ses créatures qu'il a engendrées parfaites et ayant pour devoir ou fonction de rester telles, et même de croître en perfection sous son commandement. Et lorsqu'elles s'acquittent de ce devoir, qui consiste à aimer Dieu par dessus toutes choses, et à le lui prouver en s'abstenant de faire ce qu'il défend, le meilleur des pères, qui n'est point ingrat, reconnaît fort bien les preuves d'amour qu'elles lui donnent, et il les maintient à l'état heureux.

Eh bien, la nature accomplissant généralement son devoir, elle conserve son droit au bonheur, et le législateur suprême la guide incessamment dans l'exercice de ses fonctions et lui accorde ses faveurs ; tandis que le genre humain et chacun de ses membres ont failli et continuent de pécher malgré les avertissements de Dieu. Mais le père par excellence, ne cessant pas de vouloir leur bonheur, les châtie en proportion de leur culpabilité, afin de les forcer à rentrer dans l'ordre et à redevenir parfaits et heureux.

En abusant comme il l'a fait de ses propriétés intérieures et des propriétés extérieures (bien temporels) qu'il a eues, et que Dieu met encore à sa disposition, l'homme est devenu ivrogne, gourmand, joueur, paresseux, libertin, vaniteux, orgueilleux, envieux, menteur, hypocrite, querelleur, voleur, et plus ou moins ignorant, mais surtout malveillant en art d'être véritablement heureux. Puis il a contracté une multitude de maladies et s'est exposé à toutes sortes de disgrâces de Dieu.

Certes, ce ne sont pas les prêtres catholiques qui, dans leur for intérieur, contrediront cette assertion. Les confessions qu'ils reçoivent journellement et celles qu'ils font eux-mêmes à Dieu leur démontrent surabondamment que l'homme individu ou collectif, se livrant habituellement à toutes sortes de concupiscences, est privé de paix intérieure, de paix avec ses semblables, de paix avec Dieu, et qu'il est malheureux. Par conséquent, si la société civile ne leur prouve pas qu'elle détruit en elle ses vices en les remplaçant par des vertus, ou si eux-mêmes ne parviennent pas à opérer cette réforme, ils pourront craindre mais non désirer qu'on ne parvienne à rétablir le bonheur sur terre.

Bien loin donc de regarder comme un droit et un privilège leur faiblesse et leur mauvaise volonté, les hommes doivent vivement regretter d'avoir succombé à la tentation de mal faire, et ils doivent se hâter d'y résister ; car, ainsi que je l'ai dit, plus ils tarderont à rentrer dans l'obéissance, plus leur maladie s'aggravera, plus ils auront de peine à se rétablir.

Napoléon Ier, qui faisait quelquefois des tentatives pour constituer le bien, comme, par exemple, lorsqu'il cherchait les limites dans lesquelles doivent fonctionner les autorités civile et religieuse [1], se plaignait de ne trouver partout que de mauvais vouloirs pour mettre ses projets à exécution. Il est vrai que son amour du bien n'était pas assez énergique pour réveiller autour de lui l'amour de Dieu et de sa justice. S'il eût possédé à un haut degré cette passion, il n'aurait certainement pas admis le soi-disant droit d'abus dans son

[1] *Instruction* . . . . . page 33, 2me §.

code ; le peuple français se serait amendé sous la direction de législateurs humains, passionnés pour le meilleur des pères et de sa famille, qui désirent vivement la réintégration de l'humanité dans le concert universel ; et l'on verrait aujourd'hui les États et les particuliers exécuter la partition pour laquelle Dieu les a mis au monde, et non se complaire dans des rêveries d'indépendance et de fausse liberté, dans des chimères d'autonomie et de souveraineté qui, au fond, ne sont que des volontés d'agir chacun selon son bon plaisir et de satisfaire ses péchés mignons. C'est en nous appliquant constamment à suivre les prescriptions du plus puissant des êtres, que nous reconquerrons ses faveurs et la force de résister à l'entraînement dans la voie du mal où tous se précipitent plus ou moins sciemment, comme l'oiseau dans la gueule du serpent, sans avoir assez d'é-nergie pour se retenir.

Si, dans un concert, un musicien négligent faisait con-tinuellement des fausses notes, et prétendait qu'il est indé-pendant et qu'il a le droit de jouer faux, on le prierait de se retirer ; puis, s'il s'y refusait, on le mettrait à la porte. Voilà à quoi aboutirait sa prétendue indépendance. Eh bien, c'est ce qui est arrivé au genre humain dans le concert universel ; et, pour y être admis de nouveau, il doit faire acte de bonne volonté, rentrer dans l'obéissance et exécuter le mieux possible la partition que Dieu lui a confiée.

Ceci posé, essayons de rectifier les fausses idées et croyances que nombre d'individus propagent sur la liberté :

« ..... Ce qui nous fait quelquefois douter de la divine Providence, dit l'*Almanach de l'Atelier* pour l'année 1862[1],

[1] Dépôt à Paris, rue Furstenberg, 6.

« c'est l'ignorance ou plutôt l'oubli de deux ou trois grandes
» vérités, sans lesquelles le monde où nous vivons est une
» énigme indéchiffrable. La première est que, sous l'action
» de Dieu, nous demeurons libres de faire le bien ou le mal ;
» Dieu ne nous gouverne pas comme il gouverne le monde
» matériel, les astres, les éléments, les bêtes. Il nous traite
» en créatures raisonnables, capables d'accepter librement
» et d'acquérir elles-mêmes le trésor du bonheur. Il ne né-
» glige rien pour nous faire choisir le bien : instructions,
» avertissements, tendres invitations, terribles menaces, il
» n'épargne rien. Il nous comble de ses grâces, il nous envi-
» ronne de secours, mais il ne nous force pas ; ce serait dé-
» truire son ouvrage. Il respecte en nous le don qu'il y a mis.

« La seconde vérité qu'on oublie souvent, c'est que la
» vie présente n'est qu'une préparation à la vie éternelle
» qui nous attend tous au-delà du tombeau.

« La troisième est que nous ne sommes plus actuellement
» dans l'état pur et parfait où Dieu nous avait créés, mais
» bien dans un état de déchéance, de désordre moral, et
» dès-lors d'expiation par suite du péché. La grâce de
» Dieu nous a été, il est vrai, rendue par Jésus-Christ
» notre rédempteur ; mais de telle sorte cependant que
» la justice divine ait encore à exercer ses droits impres-
» criptibles..... »

Examinons ces soi-disant vérités. Et d'abord, que si-
gnifie cette liberté de mal faire qu'aurait l'homme, selon
l'auteur de l'article intitulé LA DIVINE PROVIDENCE ? Cette
croyance que j'ai eue, je le confesse, est chez lui, comme
elle était chez moi, un signe d'erreur et de mauvais vouloir,
car aucun être doué d'esprit, de cœur, de sens, de cons-

cience et de volonté, n'a une pareille liberté. Au fond, celle-ci n'est qu'une servitude dans laquelle est tombé le genre humain, et c'est se faire illusion que de la qualifier du nom de liberté. Cette locution est vicieuse ; elle dénote, je le répète, la déraison et le mauvais vouloir de celui qui s'en sert.

En effet, dans un concert, un musicien n'est libre ni de s'abstenir, ni de mal jouer ; *il doit bien jouer ;* et, en fonctionnement de l'esprit, du cœur, des sens, de la conscience et de la volonté, dans le concert dont Dieu est le chef d'orchestre, les hommes doivent bien jouer. Celui-ci nous ayant mis au monde parfaitement constitués d'esprit, de cœur, de sens, de conscience et de volonté, nous lui avons rendu amour pour amour ; nous l'avons bien servi, et il nous a donné et conservé le trésor du bonheur, tant que nous l'avons pris pour modèle et pour guide ; mais, ayant cessé de suivre ses recommandations et ses exemples, il nous a expulsés de son concert. Et comme, encore aujourd'hui, nous restons sous la domination de la vanité, de l'orgueil, de l'envie, etc., le juge souverain maintient et accroît la condamnation qu'il a prononcée contre nous.

S'il nous laissait libres de faire le mal, il faillirait à son devoir de bon père ; il nous le défend donc expressément, et comme d'ordinaire nous ne tenons pas compte de ses avertissements, il nous châtie, afin que nous fassions d'énergiques efforts pour nous corriger de vices que certes il n'a pas mis en nous, et dont il veut nous guérir, à la condition de le vouloir nous-mêmes, et de joindre notre action à la sienne.

D'autre part, si Dieu ne nous laisse pas libres de faire

le mal, il ne s'est jamais opposé et il ne s'opposera jamais à notre liberté et pouvoir de bien faire; il nous sollicite même incessamment à cultiver ces dons que nous tenons de lui et que nos mauvaises passions rendent stériles. Nous avons donc le plus grand intérêt à nous délivrer de notre disposition invétérée au mal; celle-ci prédomine dans nos pensées, nos paroles, nos actes, et atteste partout notre dégradation et notre misère animique et corporelle. Ainsi, l'auteur que je critique dit l'exacte vérité, quand il affirme que nous sommes dans un état de déchéance et de désordre; mais il rend cette vérité stérile en ajoutant le mot *moral* au mot *désordre,* car l'association de ces mots prouve le désordre de sa raison. En effet, un désordre n'est jamais moral, il est toujours *immoral* (désagréable à Dieu et à ceux qui l'aiment et le servent).

Le même auteur se fourvoie également quand il prétend : 1° que Dieu nous traite en créatures raisonnables ; 2° que nous expions nos péchés, et 3° que la grâce nous a été rendue par Jésus-Christ.

En effet, HABITUELLEMENT nous aimons et cultivons le mal, et nous ne voulons pas nous corriger. La déraison est donc notre état habituel, caractéristique, et doit servir à nous qualifier. C'est seulement lorsque Dieu nous châtie fortement que nous résistons au péché. Dans ce cas, nous atteignons à un état modéré de mal être ou de malheur. La France offre aujourd'hui le spectacle d'une pareille situation [1]; mais, comme d'ordinaire nous ne tardons pas à nous laisser entraîner de nouveau, la modération n'est

______
[1] *Instruct.*, page 32.

chez l'homme qu'une situation exceptionnelle. Quant à la raison, elle ne s'est montrée nulle part depuis la chute.

Nous sommes donc des êtres déraisonnables, et c'est pour nous rendre raisonnables que Dieu exerce à notre égard une action pénale croissante.

Le fait est que nous ne sommes pas en état de grâce, et celle-ci n'a pas été rendue aux chrétiens par Jésus-Christ, qui ne les a nullement délivrés du mal, car, dans l'*Oraison dominicale*, ils demandent journellement à Dieu de les en délivrer.

Jésus-Christ lui-même ne s'est pas racheté, puisqu'en passant dans la vie d'outre-tombe il s'écriait : Mon Dieu, mon Dieu ! pourquoi m'avez-vous abandonné [1]?

En émettant son avis de chercher premièrement le royaume de Dieu et sa justice, il a vu et compris ce que, dans son for intérieur, chacun voit et comprend : c'est que tous les hommes sont coupables envers Dieu; tous ont des vices dont ils souffrent et dont ils font souffrir leur prochain, et il est de l'intérêt bien entendu de chacun et de tous de travailler énergiquement à se corriger, à redevenir parfaits, comme nous l'avons été lorsque Dieu nous a engendrés; mais c'est ce que Jésus-Christ n'a pas fait; il n'a pas offert au monde le spectacle d'un homme vicieux redevenant vertueux en s'inspirant de Dieu, et en lui prouvant progressivement sa bonne volonté.

J'ajoute que les chrétiens donnent au monde entier une preuve éclatante de déraison, quand ils disent que Jésus-Christ est Dieu et qu'il s'est fait homme; non-seulement

[1] Evangile selon S-Matth., chap. XXVII, v. 46.

Dieu n'a pu ni voulu devenir imparfait pour montrer à des enfants indociles qu'étant vicieux, ils peuvent redevenir obéissants et vertueux, mais encore celui qu'on appelle partout le *créateur souverain* ne peut, ne doit, ni ne veut devenir créature, et aucune créature raisonnable n'a et ne peut avoir la pensée de devenir le créateur et de remplir ses fonctions.

Or si, comme cela est patent, les hommes deviennent généralement de plus en plus vicieux, il n'est pas surprenant que, voulant les détacher du mal et le leur rendre moins attrayant, Dieu leur fasse de plus en plus vivement sentir son épée, au pape et aux têtes couronnées, aussi bien qu'à leurs peuples. Et comme, en ce moment, les Français sont dans un état exceptionnel de modération, ce sont eux qui, guidés par l'empereur Napoléon, doivent prouver à Dieu leur amour en effaçant de leurs codes le soi-disant droit d'abus et le dogme de la divinité de Jésus-Christ ; en un mot, ils doivent reconquérir la grâce et le trésor du bonheur.

Alors, le genre humain suivant leur exemple, tous les hommes passeront sans souffrir de la vie présente à la vie d'outre-tombe [1], car les ultra-mondains voient fort bien ce qui se passe parmi nous, et si nous rentrons dans l'obéissance envers le meilleur et le plus puissant des maîtres, ils y rentreront pareillement.

Ceci posé, on voit que la soi-disant deuxième vérité de l'auteur que je critique, est une erreur : étant fils de Dieu, nous sommes immortels, par conséquent notre vie est éternelle

---

[1] *Essai....* page 20, note 9, 1er alinéa.

au passé , au présent et au futur. La vie présente n'est donc pas une préparation à la vie éternelle , mais une vie que Dieu châtie ici-bas et au-delà du tombeau, parce qu'elle est immorale, malheureuse, et qu'il veut nous rendre heureux.

M. X.... m'ayant dit qu'il peut y avoir désordre matériel sans désordre moral ou animique, je réponds que c'est une illusion, et qu'il se figure à tort, 1° que Dieu n'a pas de corps, et 2° qu'en passant à la vie d'outre-tombe l'homme perd le sien.

Si Dieu, à qui le genre humain reconnaît des facultés intellectuelles, affectueuses, consciencieuses et volontaires, n'avait pas de corps, il éprouverait un bonheur moins complet que celui qu'il accorde à ses enfants obéissants. Cela ne me semble pas admissible ; d'ailleurs, il doit et veut avoir toujours avec eux des relations corporelles et animiques, et leur montrer d'exemple à diriger leur sens. Eh bien , comment le ferait-il, s'il n'en avait pas ? Il faut en conclure que Dieu et ses enfants ont toujours une âme et un corps[1]. Puis

---

[1] » Dieu ayant fait l'homme à son image , disais-je dans mon
» *Essai*... page 41, 3e §, et lui ayant donné des sens, un cœur, un
» esprit et une conscience, il est évident que lui-même possède des
» facultés semblables , et il est également clair que c'est dans le fluide
» nerveux (fluide très subtil mais non immatériel) que résident à la
» fois l'esprit, le cœur, les sens et la conscience de l'homme, car
» il n'y a chez lui ni pensée, ni affection, ni sensation , ni conscience
» (ni volonté, aurais-je dû ajouter) où il n'y a pas de courant nerveux. C'est donc ce fluide qui constitue essentiellement sa vie, son
» être. »
J'ajoute que les mouvements de ce fluide sont visibles et appréciables dans le regard de l'homme, quand celui-ci se met en relation avec ses semblables et avec le monde extérieur ; et comme nos mœurs ou habi-

ceux-ci étant inséparables, si le désordre s'introduit dans l'un, il se communique à l'autre, et lorsqu'il subsiste dans la créature, celle-ci le communique aux choses matérielles, physiques, qu'elle met en œuvre. Du reste, il va sans dire qu'à la naissance de chacun, les parties constitutives, esprit, cœur, sens, conscience et volonté, ont été en parfaite harmonie et proportionnées à la partition, à la fonction pour laquelle Dieu l'a mis au monde ; et, s'il ne remplit pas ou s'il remplit mal cette fonction, c'est-à-dire si, désobéissant à Dieu, il se laisse aller au désordre, son influence délétère sur les êtres qui l'environnent et les choses qu'il travaille est proportionnée à sa perversion et à l'importance de la fonction dont Dieu l'a investi.

Voulons-nous remonter à l'origine des choses, il me semble bien visible, qu'avant la génération de la nature, le mal n'existait pas : il n'y avait désordre ni dans les facultés corporelles et animiques de Dieu, ni dans les objets matériels, physiques, auxquels il appliquait ses facultés, ni dans l'emploi de celles-ci à ces objets et aux diverses modifications qu'il leur faisait subir. Or, la nature ayant été engendrée parfaite, il n'y a eu vice, à cette époque, ni dans ses facultés essentielles, esprit, cœur, sens, conscience, volonté, ni dans les objets matériels, physiques, qu'elle a mis en œuvre avec le concours de Dieu. Partout il y a eu bonheur *intégral* (*animique et corporel*), et cela

tudes sont fausses, notre regard porte les marques de cette fausseté. Les mouvements du fluide nerveux sont également visibles chez les animaux : on sait la fascination, puis l'attraction qu'au moyen du regard quelques serpents exercent sur les oiseaux dont ils veulent faire leur proie.

a subsisté tant que la nature et chacun de ses membres ont
exécuté les commandements de Dieu. Le DÉSORDRE n'a pris
naissance que depuis et à cause de la violation des ORDRES
du père commun par un ou plusieurs de ses enfants ; et ce
scandale a été créé et subsiste encore aujourd'hui par le
mauvais vouloir du genre humain.

Eh bien, dans la déplorable situation où ce mauvais
vouloir nous entraîne, j'ose espérer que le gouvernement
français, sortant de sa modération envers le péché, se
passionnera énergiquement pour le bien, et parviendra à
se faire délivrer du mal. Alors, je le répète, les catholiques,
qui, dans l'*Oraison dominicale*, adressent journellement à
Dieu leurs vœux à ce sujet, se rallieront sincèrement et efficacement à lui.

La cherté des subsistances, dont le gouvernement se
préoccupe avec raison en ce moment, n'est, comme je
l'ai dit page 2, qu'une des pénalités infligées au genre
humain ; elle est une des conséquences du désordre auquel
celui-ci s'abandonne de plus en plus ; et la chair du cheval,
prônée par quelques économistes et ajoutée aux chairs du
bœuf, du mouton et d'une multitude d'autres animaux,
dont nombre d'hommes font usage, ne diminuera en rien
le désordre général et ses douloureuses conséquences. Ce
n'est pas en abrogeant la proscription que les chefs chrétiens du VIIIme siècle exercèrent contre les mangeurs de
chevaux [1], qu'on acquerra des titres aux faveurs divines.

---

[1] Le pape Grégoire III (Boniface, apôtre de la Germanie, qui a régné
de 731 à 734, écrivait aux différents souverains et papes de cette
époque :

« Vous m'avez marqué que quelques-uns mangeaient du cheval sau-

Ce n'est pas non plus en se bornant à faire maigre pendant quelques jours de chaque semaine et pendant le carême ; c'est : 1° en renonçant complètement à tuer et à manger les animaux domestiques ; 2° en s'appliquant à rendre bons les animaux que nous avons rendus sauvages et méchants ; 3° en ne tuant que ceux qu'on ne peut encore songer à réformer, et 4° surtout, en manifestant à Dieu l'intention constante et énergique de rentrer sous ses ordres et de lui plaire en toutes choses.

Déjà la plupart des Français ne mangent pas ou mangent fort peu de viande [2], ils n'auront donc guère à changer leurs habitudes sous ce rapport ; mais il n'en sera pas de même en ce qui concerne les preuves d'amour qu'ils devront donner à Dieu. C'est en cela surtout que le gouvernement leur doit un bon exemple. Suivant donc mieux qu'un de ses savants les plus distingués le conseil de Socrate, il fera bien de donner, sur l'homme, des leçons qu'il peut et doit prendre auprès du Maître suprême, afin d'éclairer la nation et de dissiper, sur ce sujet, les erreurs que sa vanité l'empêche d'apercevoir.

« M. Geoffroy-Saint-Hilaire, dit M. C. Delvaille, dans

» vage, et la plupart du cheval domestique ; ne permettez pas que cela » arrive désormais, très-saint frère ; abolissez cette coutume par tous » les moyens qui vous seront possibles, et imposez à tous les man- » geurs de chevaux une juste pénitence. Ils sont immondes et leur action est exécrable. »

« Le successeur de Grégoire III, Zacharie Ier, renouvela les mêmes » recommandations. Il prohibait aussi le castor (alors fort commun en » Europe) et le lièvre. » *Études sur l'Histoire naturelle*, par Camille Delvaille, 3me édition, pages 117, 118.

2 Pages 105, 106, 107, 119 du même ouvrage.

» sa nouvelle édition de *Études sur l'histoire naturelle*, 1862,
» a fait plusieurs leçons sur l'homme. Mais , avant d'entrer
» dans les détails de cette étude , il veut montrer la place
» qu'occupe notre espèce dans la série zoologique. Est-ce
» un simple genre, un ordre ou une classe du règne
» animal, ou bien forme-t-elle un règne à part.

» Pour résoudre le problème (et M. Geoffroy admet la
» seconde opinion), il faut savoir comment on distingue
» un règne d'un autre.

» En effet, l'homme ne pourra pas former un règne à
» part, si on ne le considère qu'eu égard à ses caractères
» organiques. Il ne diffère des animaux que par ses
» facultés. Or, si nous prouvons que le règne animal ne
» peut non plus être distingué du végétal par des caractères
» organiques bien tranchés, mais seulement par des fa-
» cultés, nous aurons fait un grand pas dans la question ;
» nous aurons posé sur des bases solides l'établissement
» du règne humain.

PREMIÈRE LEÇON.

Des caractères distinctifs des animaux et des végétaux.

» L'existence d'une *cavi tédigestive* a été regardée d'abord
» comme un caractère distinctif de l'animal. Mais il n'en
» est pas ainsi et on avait mal raisonné. Tant que l'on n'a
» pas eu de bons microscopes, comme on voyait presque
» partout un tube digestif, on généralisait son existence ;
» si on ne pouvait en trouver dans les degrés inférieurs
» de l'animalité, la faute en était à la petitesse de l'ani-

» mal et à l'imperfection de l'instrument d'optique ! —
» Plus tard, les microscopes ayant été perfectionnés, on a
» reconnu l'erreur commise, et on a bien été obligé d'ad-
» mettre que le tube digestif était un caractère non pas
» général, mais *presque général* des animaux.

» On a dit aussi que tout animal possédait un sys-
» tème nerveux ; on était fondé à l'admettre, parce que
» tout animal sent et veut. Mais on ne l'a pas toujours
» trouvé, parce que ce sont des organes excessivement
» délicats. Ici même l'analogie faisait prévoir le résultat
» de l'observation.

» En effet, à mesure que l'on descend aux degrés les
» plus inférieurs de l'échelle animale, on aperçoit une
» tendance à l'homogénéité ; on doit donc conclure que
» chez les derniers animaux on ne devra pas trouver de
» nerfs.

» Le raisonnement concordant ici avec l'observation, la
» conclusion que nous tirons paraît infiniment probable.
» On voit donc en définitive qu'on ne peut pas fonder la
» définition de l'animalité sur l'existence du tube digestif
» et du système nerveux.

» Pourra-t-on la fonder sur l'attitude, la couleur, la
» composition chimique ? Il est évident que ce sont des
» tentatives désespérées et que rien ne justifie.

» *Il n'y a donc pas un seul caractère organique qui puisse*
» *différencier l'animal du végétal.*

» Il faut trouver la différence dans la différence des
» fonctions.

» L'animal sent et se meut, ont dit les anciens.

» Ce qu'il y a de plus essentiel, c'est la sensibilité.

» Théoriquement, la sensibilité de l'animal est incon-
» testable ; mais, pratiquement, elle est très-difficile à
» établir. Comment s'assurer qu'un être sent ? S'il s'agit
» de nos semblables ou d'animaux voisins de l'homme, la
» chose sera facile, quoique Descartes l'ait nié ; mais, à
» mesure que l'on descend aux êtres inférieurs, on voit
» peu à peu la voix disparaître. On en trouve ensuite chez
» lesquels le mouvement est encore plus incertain ; de
» sorte qu'arrivé par degrés au bas de la série, on ne peut
» conclure qu'un être sent que parce qu'il se meut. S'il
» s'éloigne de quelque chose, d'un soleil trop ardent par
» exemple, ou s'il se porte vers un autre objet, nous
» serons en droit de dire que le premier lui est *désagréable,*
» et que le second, au contraire, *lui plaît.*

» Cette perception que nous donnons à l'animal ne
» nous est fournie que par ses mouvements. Donc, la
» mobilité est le criterium de la sensibilité.....

» ...[1] Il reste vrai de dire avec Buffon : Jamais l'on n'a
» vu de végétal produire un animal...

» Nous sommes donc en droit de dire tous les ani-
» maux sensibles ; nous sommes fondés à croire tous
» les végétaux insensibles..... Carus[2] fait de notre espèce
» une classe du règne animal, mais une classe hors ligne
» et à part de toutes les autres, une classe qui n'en est
» pas seulement le couronnement, mais la synthèse. « Si
» bien que l'homme, étant compris dans le règne animal,
» ne peut néanmoins être appelé un animal, à moins
» qu'on ne veuille abuser du mot et ravaler la dignité de

[1] Page 11 de *Etudes sur l'Histoire naturelle.*
[2] Page 13 de   *Id.*

» notre espèce : pas plus que la lumière pure, composée
» des sept rayons du spectre, ne porte le nom de
» couleur. »

J'ai dit[1] que notre disposition invétérée au mal prédomine dans nos pensées, nos paroles, nos actes, et atteste partout notre dégradation ; puis, que[2] habituellement nous sommes déraisonnables. Eh bien, M. Delvaille vient corroborer les preuves que j'ai données de ce fait. Dès son début il montre la fausseté de la base de ses études sur l'histoire naturelle, en disant : 1° que l'animal ne peut être distingué du végétal par des caractères organiques bien tranchés, mais seulement par des facultés ; 2° qu'à mesure que l'on descend aux degrés les plus inférieurs de l'échelle animale, on aperçoit une tendance à l'homogénéité, et que chez les derniers animaux on ne devra pas trouver de nerfs.

Ces assertions me semblent inexactes, car c'est Dieu qui distribue en chef les fonctions, et il ne les donne ou ne les conserve qu'à ceux qui ont des organes corporels et animiques propres à les remplir. Par conséquent, si M. Delvaille signale avec raison des facultés bien tranchées entre l'animal et le végétal, en disant, comme Buffon, que jamais l'on n'a vu de végétal produire un animal (ni un animal devenir un végétal, aurait-il pu ajouter) ; puis, s'il a également raison de croire que tous les animaux sont sensibles et que tous les végétaux sont insensibles, il doit nécessairement croire (s'il veut être logique) que les organes du végétal diffèrent d'une manière bien tranchée des organes de l'animal. Et si l'on n'a pas toujours trouvé de système nerveux chez les animaux, parce que ce sont des organes très-délicats, ce n'est pas un motif suffisant pour dire qu'on n'en trouvera pas ; mais c'en est un pour interroger à ce sujet le maître par excellence, qui ne demande certainement pas mieux que de faire connaître ces organes à ses enfants, afin qu'ils ne soient pas exposés à violer ses commandements dans la conduite fort différente qu'ils doivent tenir à l'égard des animaux et des végétaux.

En attendant que M. Delvaille ou d'autres fournissent des lumières sur ce point, voici celles que j'ai recueillies ; elles sont bien faibles sans doute, mais elles attestent du moins de la bonne volonté.

Il me paraît que les astres et leurs habitants étaient homogènes dans le sein de Dieu, et, après leur enfantement, ils ont dû conserver leur homogénéité tant qu'ils ont suivi les enseignements du père de la nature ; tandis que les végétaux, qui sont des êtres insensibles, n'ont jamais été de même nature que les êtres sensibles, et ils doivent être rangés dans la catégorie des choses et objets matériels, physiques, destinés aux besoins et aux agréments de Dieu et de ses enfants.

Quant à ceux-ci, comme ils sont fort inégaux d'esprit, de cœur, de sens, de conscience et de volonté, Dieu leur a donné des partitions ou fonctions proportionnées à leurs organes ; et ces fonctions ont consisté pour chacun à faire à la fois son bonheur et celui de ses égaux, de ses supérieurs et de ses inférieurs, avec qui ses organes lui ont permis d'avoir des relations.

Eh bien, le genre humain a depuis longtemps cessé de

remplir cette fonction, tandis que le globe terrestre et l'animal, surtout l'animal qui a le moins subi l'influence délétère de l'homme, s'en acquittent en grande partie. Doués, comme Dieu de qui ils les tiennent, de deux tendances harmoniques : l'attraction vers le bien et la répulsion pour le mal ; le bien leur plaît à l'un et à l'autre, et le mal leur déplaît comme au père de la nature.

Chez notre globe, ces deux tendances ont pour organes essentiels les deux électricités dites mal à propos : *positive* et *négative ;* je dis *mal à propos,* car elles ne sont pas opposées, mais harmoniques, et c'est en elles que réside essentiellement la vie de la terre [1].

Chez l'animal, elles ont, dans son fluide nerveux, deux organes semblables, au moyen desquels celui-ci se meut harmonieusement avec Dieu, et remplit la fonction dont celui-ci l'a investi ; tandis que l'homme, infesté d'attraction pour le mal et de répulsion pour le bien (deux tendances discordantes entre elles et antipathiques à Dieu), son fluide nerveux est composé de deux éléments opposés et en lutte avec les éléments semblables de notre globe, de l'animal et du chef de l'harmonie universelle.

Or, ainsi que je l'ai dit, avant la création, il n'y avait aucun désordre. Par conséquent, l'organe de la répulsion pour le mal n'existait pas, parce que sa raison d'être n'était pas née : il était en repos chez Dieu, et il ne s'est pas manifesté chez la nature, tant que celle-ci et ses membres ont exécuté les commandements du meilleur des maîtres. Il n'a pris naissance que depuis et à cause de la violation de ses ordres ; et, aujourd'hui, cet organe existe

[1] *Retour à Dieu*..., note de la page 27.

chez l'astre et l'animal, mais l'homme en est privé ainsi
que de l'organe attrayant pour le bien.

Afin donc de les recouvrer l'un et l'autre, ainsi que le
bonheur attaché à la fonction qu'à l'origine Dieu a confiée
à l'homme, celui-ci doit faire amende honorable, et, dans
ses pensées, dans ses paroles et ses actes, il doit surtout
donner à Dieu des témoignages de sa volonté énergique de
détruire ses mauvaises tendances, et de reconstituer ses
organes sensuels, affectueux, intellectuels, consciencieux
et volontaires, de manière à pouvoir remplir sa fonction
originelle, qui était supérieure à celle de l'animal.

A cette époque, les hommes aimaient les animaux et ils
en étaient aimés, parce qu'ils les considéraient comme des
frères puînés avec lesquels ils devaient suivre les leçons du
maître suprême, et obtenir de lui des fonctions plus impor-
tantes et de plus grandes félicités. Mais se sont-ils toujours
acquitté et comment s'acquittent-ils aujourd'hui de ce
devoir envers leurs inférieurs? — Ils les tuent et les mangent ; et un élève de Geoffroy-Saint-Hilaire, prônant comme
lui l'alimentation avec la chair du cheval, trouve qu'on a tort
de s'inquiéter de cette consommation au point de vue de la
cruauté envers les animaux.

« Beaucoup de personnes, dit M. Delvaille [1], se sont
» bien à tort inquiétées de la consommation du cheval, au
» point de vue de la cruauté envers les animaux. Comment,
» disent-elles, aurez-vous la barbarie de tuer le cheval,
» cet ami de l'homme qui lui rend tant de services? Mais,
» outre que la même chose pourrait se dire du bœuf,
» remarquez que les sociétés protectrices des animaux

[1] *Études sur l'Histoire naturelle*, page 130.

» sont très-favorables à la cause que nous défendons ici.

» C'est même celle de Munich, qui, la première, a attiré

» l'attention sur ce sujet ; frappée des traitements barbares

» que l'on fait souffrir aux vieux chevaux, elle a proposé

» de les tuer pour notre propre consommation. Pour donner

» une idée de ces atrocités, nous citerons le passage sui-

» vant de Parent-Duchâtelet :

» S'il existe un spectacle pénible, c'est assurément celui

» de ces animaux qui, ne pouvant plus rendre de services,

» sont abattus par l'homme, qui spécule sur leurs dépouilles.

» On les voit arriver aux clos par bandes de douze, quinze

» ou vingt, attachés l'un à l'autre avec de mauvaises

» cordes, et pouvant à peine se soutenir.

» Introduits dans ces lieux, on leur coupe la crinière

» et le crin de la queue, suivant les cas ; on les accumule

» dans une petite écurie ou on les laisse en plein air. Où

» sont-ils attachés ! Aux carcasses mêmes de leurs sem-

» blables qui ont été écorchés quelques jours auparavant,

» et ce faible poids suffit pour les retenir ; car, n'ayant

» pas mangé depuis longtemps, ils n'ont pas la force de

» les traîner : souvent ils périssent spontanément sur le

» lieu même. La faim, qui les tourmente, est quelquefois

» si pressante, que nous en avons vu plusieurs devenir

» carnassiers, dévorer de longues parties d'intestins dans

» lesquels se trouvaient enfermés quelques débris d'ali-

» ments végétaux, dont l'estomac de leurs semblables

» n'avait pas extrait jusqu'à la dernière partie des principes

» nutritifs et sapides. »

A l'appui de la cause qu'il défend, M. Delvaille cite le chimiste Liebig [1] : «... Les animaux carnivores, dit celui-ci,

[1] *Études sur l'Histoire naturelle*, page 104.

» sont en général plus forts, plus hardis, plus belli-
» queux que les herbivores, qui deviennent leur proie. La
» même différence se remarque entre les nations qui vivent
» de plantes et celles dont la nourriture principale con-
» siste en viande.

 » On voit donc, d'après ces citations, ajoute l'auteur
» des *Études sur l'Histoire naturelle*, que la nourriture
» animale est essentielle à l'homme, et qu'en la dimi-
» nuant on diminue la santé et la vigueur morale et
» physique de notre espèce. »

A cela je réponds que les Français, qui mangent fort
peu de viande, sont aussi forts, aussi hardis et aussi
belliqueux (je devrais dire : ne sont pas plus faibles, pas
plus lâches[1], pas plus batailleurs) que les nations qui
en mangent beaucoup ; et les peuples qui ne vivent que
de plantes ne deviennent pas la proie des anthropophages,
placés plus haut qu'eux en cruauté et plus bas en moralité.

Puis, en *mobilité*[2], agilité, souplesse et santé, qui sont
des qualités éminemment précieuses pour des êtres sensibles, les légumistes ne sont pas, que je sache, inférieurs
à ceux qui vivent principalement de viande ; et il faut con-
venir que la vue de ces qualités, dont jouissent nombre
d'animaux herbivores et frugivores, n'est pas faite pour
engager à devenir carnivores ceux qui ne le sont pas.

On ne me contestera pas la souplesse et l'agilité corporelles d'une multitude d'animaux qui ne vivent guère que de
plantes, notamment des singes de l'ordre le plus élevé,

[1] *Instruction*...., page 31, lignes 28, 29, 30.
[2] *Retour à Dieu*....., page 33, ligne 17.

et qui sont les plus voisins de l'homme ; mais on me dira
probablement qu'ils ne jouissent pas de santé animique.
Cependant ils la possèdent bien réellement, tandis que
l'homme a perdu la sienne, puisque d'ordinaire il n'a plus
son bon sens en conduite générale de ses facultés [1].

Le fait est que les animaux, pas plus que les hommes et
les astres, ne se sont créés eux-mêmes. C'est Dieu qui les
a engendrés. Ils sont donc ses enfants. Et comme, à coup
sûr, le meilleur des pères n'a pas voulu et ne veut pas que
ses enfants se détruisent et se mangent les uns les autres,
lorsqu'ils sont dociles à ses leçons, il ne les a pas faits
carnivores, et c'est en partie pour éviter qu'ils le deviennent
qu'il a créé les végétaux. Ceux-ci étant insensibles, ils sont
visiblement destinés par Dieu aux besoins et aux agréments
de ses enfants ; et, parmi ces besoins, on doit mettre en
première ligne la nutrition végétale et la transformation
des substances qui, ayant servi à cette opération, sont
rejetées et doivent, sous la direction de Dieu, être em-
ployées dans la culture de la terre, surtout dans l'horti-
culture.

La nourriture végétale choisie par les animaux et leur
alimentation, qu'ils accomplissent sans commettre les
excès dont l'homme se rend si souvent coupable dans ce
travail, dénotent donc chez eux une volonté, une conscience, un esprit, un cœur et des sens droits ; tandis que
l'alimentation avec des animaux, dont la sensibilité naturelle ne peut raisonnablement être mise en doute par
l'homme, dénote chez celui-ci des facultés animiques et
corporelles déplorables, et en contradiction manifeste avec

[1] *Retour à Dieu*....., dernier § de la page 15, et pages 16, 17, 18.

les sentiments affectueux et la volonté du père de la nature.

Celui-ci a donc dû nous dégrader[1], et il est positif qu'aujourd'hui la place occupée par le genre humain dans la série zoologique est inférieure à celle du genre animal[2] ; il est également positif que le malheur de l'homme est proportionné à sa désobéissance habituelle à Dieu.

Indépendamment de ses disgrâces, énumérées à la page 2, il a à redouter les attaques des lions, des tigres, des panthères, des loups, des serpents, etc.; car il ne parvient pas à les détruire jusque dans leurs repaires, que parfois il est obligé de traverser, et d'où ils sortent pour faire des invasions dans ses cités. De plus, il est exposé à être mordu par les chiens, ses propres amis, qu'il ne garantit ni ne guérit de la rage; puis il sert de pâture vivante aux vers solitaire, lombric, ascaride, à l'acarus et à une multitude d'animaux parasites.

Dans un article de la *Gazette médicale de Lyon*, du 1er septembre 1861, ayant pour titre : « *Génération du ver solitaire*, » je lis : « M. Barlug a pu constater que sur
» cent personnes affectées de tœnia, quatre-vingt-dix-sept
» avaient depuis plus ou moins longtemps l'habitude de
» manger de la viande crue. Il donne les observations de
» trente-deux malades, dans l'histoire desquels cette cir-
» constance a été relevée. »

Ces faits sont très-probablement exacts, et ils doivent, ce me semble, être regardés comme des preuves de l'action pénale de Dieu contre les violateurs de sa loi. Puis,

1 *Retour à Dieu*....., page 21, ligne 22, et page 23, ligne 18.
2 *Instruction*..., page 17, lignes 19, 20..., 28.

on peut en induire que l'alimentation avec la viande cuite favorise la naissance et le développement des autres vers susnommés.

En résumé, l'espèce humaine est tombée au-dessous de l'animalité, près de qui elle ferait bien , en maintes circonstances, de prendre des leçons de conduite ; par conséquent, ce n'est pas la ravaler que d'appeler animal l'homme actuel.

Sans doute, le genre humain a été le digne et bien-aimé supérieur du genre animal, tant qu'il a bien guidé celui-ci dans ses fonctions, et qu'il partageait avec lui les faveurs qu'il méritait et qu'il obtenait de Dieu. Mais aujourd'hui qu'il faillit de plus en plus à sa mission , le distributeur en chef des peines et des récompenses fait d'ordinaire endurer à l'homme une somme ou synthèse de souffrances exactement mesurée à la somme ou synthèse de fautes et de crimes qu'il commet envers lui-même et envers l'animal, le globe et la nature.

Il est donc bien temps de faire des efforts pour recouvrer les bonnes grâces du père de l'univers , surtout le redressement de notre esprit, de notre cœur, de nos sens, de notre conscience et de notre volonté , qui sont prodigieusement faussés ; et j'ose espérer que pour l'obtenir M. Delvaille soumettra son criterium de la sensibilité (la mobilité) au juge par excellence de toutes les mobilités et de toutes les sensibilités.

Dans ce cas, et pour lui témoigner son bon vouloir, il opinera pour qu'on cesse de tuer et de manger le bœuf, le mouton, et tous les animaux dont la mobilité et la sensibilité naturelles ne pourront raisonnablement être contestées. .

Puis il admettra que les astres, planètes, étoiles ou soleils, comètes, qui ont une mobilité physique bien supérieure à celle de leurs habitants, qu'ils entraînent avec eux, doivent avoir aussi une mobilité ou vie animique en harmonie avec leur vie corporelle. Ils ne sont donc pas des corps sans âme, comme on le croit communément [1], mais des êtres sensibles, d'un ordre plus élevé que les hommes et les animaux.

Il me paraît que, dans le sein de Dieu, chacun de ses enfants a dû, dans ses mouvements spirituels, affectueux, sensuels, consciencieux et volontaires, manifester plus ou moins splendidement l'esprit, le cœur, les sens, la conscience et la volonté du chef de l'harmonie universelle, et, après sa naissance, montrer son rang et sa puissance en accomplissant sa fonction.

Eh bien, en distribuant sa chaleur et sa lumière aux planètes, qui se meuvent passionnément autour de lui et dont il règle les saisons, notre soleil montre son immense supériorité sur notre globe et sur nous. Cessons donc de le regarder, lui et la terre, comme des êtres inférieurs (comme des corps sans âme). Cessons surtout de confondre un homme [2] avec le chef de l'univers, si nous voulons obtenir notre réintégration dans notre fonction originelle et de nouveau prendre part aux ineffables félicités dont nous avons joui à notre naissance.

Alors nous pourrons dire, et Jésus-Christ dira avec nous : Enfin nos yeux revoient Dieu, et tout notre être (corps et âme), qui était ténébreux, va redevenir lumineux et refléter

[1] *Retour à Dieu....*, page 22, lignes 5, 6, 7.
[2]   Id.   page 25, les trois dernières lignes.

l'esprit, le cœur, les sens, la conscience et la volonté du maître suprême, en proportion des efforts que nous ferons pour comprendre et mettre à profit ses leçons [1].

Au moment où je termine cet opuscule, je lis dans le *Courrier de Saône-et-Loire* : « La discussion de l'adresse » s'est terminée aujourd'hui (3 mars), au sénat, par un » remarquable discours de M. Billault, qui a fait connaître » la pensée du gouvernement et que l'assemblée a accueilli » avec les plus vives marques de satisfaction. L'éminent » orateur a déclaré que les deux solutions extrêmes : res- » titution par la force au pape des parties perdues de ses » états, ou abandon de l'occupation française, ne sont » praticables ni l'une ni l'autre. D'un côté, nous devons » respecter le principe de non-intervention ; de l'autre, il » n'est pas possible à la France d'évacuer Rome sans » renier son passé, sans exposer l'Europe tout entière à » une conflagration générale.

» La pensée de l'Empereur, a dit M. Billault, est celle » dont je suis l'organe ; j'ai le pouvoir spécial de la décla- » rer devant vous. Ni réaction, ni évacuation ! L'Empe- » reur veut transiger entre les deux principes et obtenir » du temps une solution amiable. Le calme et la sagesse

---

[1] « Votre œil est la lampe de votre corps ; si votre œil est simple, » tout votre corps sera lumineux. Mais si votre œil est mauvais, tout » votre corps sera ténébreux. Si donc la lumière qui est en vous n'est » que ténèbres, combien seront grandes les ténèbres mêmes. » (Évang. selon St-Matth., ch. VI, v. 22, 23.) Plus de dix-huit cents ans se sont écoulés depuis que Jésus-Christ a prononcé ces paroles et a conseillé de chercher premièrement le royaume de Dieu et sa justice ; et aujourd'hui ce règne et cette justice ne sont point instaurés sur terre. On conviendra qu'un pareil retard ne fait pas honneur à l'humanité.

» de Sa Majesté finiront par l'emporter ; jusque-là nous
» resterons à Rome, pour y continuer la mission protec-
» trice que nous y remplissons depuis douze ans.

» Les questions spirituelles, a ajouté M. le Ministre,
» peuvent être longtemps suspendues, parce que la reli-
» gion est éternelle ; mais le domaine temporel doit être
» défendu par des moyens de ce monde ; le gouvernement
» du Saint-Père le comprendra. »

A cela je réponds :

La pensée de l'Empereur, dont M. Billault doit le plus
se préoccuper, c'est que le gouvernement doit éclairer et
diriger ceux qu'il gouverne[1]. Par conséquent, c'est surtout
la pensée de Dieu que le gouvernement doit faire connaître
et qu'il doit déclarer vouloir exécuter et faire exécuter ;
c'est sa lumière qu'il doit faire resplendir dans l'humanité.

Dieu éclaire et dirige en chef ses enfants ; en tout temps
il leur distribue des biens ou des maux exactement pro-
portionnés à la perfection ou à la défectuosité de leurs
œuvres. Eh bien ! M. Billault ne fait pas connaître cette
pensée et cette conduite du juge souverain à l'égard de la
France, du pape, de l'Europe et de l'humanité. Il ne fait
pas voir à notre nation qu'étant tombée deux fois en anarchie dans l'espace de cinquante ans, et ayant ainsi montré
une grande faiblesse, elle doit surtout s'attacher à recouvrer de la force en renonçant formellement et officielle-
ment *à abuser*, à enfreindre la loi divine[2].

Il ne fait pas voir non plus l'action pénale croissante de

---

[1] *Retour à Dieu...*, page 4, ligne 20, et *Essai...*, page 29, lignes 14,
15, 16.

[2] *Retour à Dieu...*, page 17, lignes 13..., 29.

Dieu envers le pape, qui, s'obstinant à prêcher le faux dogme de la divinité de Jésus-Christ [1], a successivement décidé le souverain de l'univers à faire échouer Pie IX dans son essai de constitution soi-disant libérale, en 1848; 2° à lui enlever naguère une partie de ses états, et 3° à lui en faire craindre prochainement la perte totale.

Enfin M. Billault ne montre pas à la France, à l'Italie, à l'Europe et à l'humanité, que depuis la chute tous les hommes sont faibles et non forts, tous sont plus ou moins esclaves et non maîtres de leurs mauvaises passions; aucun n'est souverain et tous sont plus ou moins insoumis au souverain du ciel et de la terre; puis habituellement leur langage porte la marque de leur faiblesse et de leur dégradation : cherchant d'ordinaire à faire passer leurs vices pour des vertus, ils appellent *bien* ce qu'ils appelleraient *mal* s'ils consultaient Dieu, et réciproquement ils appellent mal ce qu'ils appelleraient bien. M. Billault lui-même fournit un exemple de ce fait, quand il qualifie de respectable le principe de non-intervention. Ainsi que je l'ai montré [2], ce principe est condamné par le juge suprême; tous les hommes, en effet, doivent intervenir et faire leurs plus grands efforts pour détruire leurs vices et acquérir des vertus [3]; et c'est ce que fait peu M. le Ministre, quand il dit : « Les questions spirituelles peuvent être longtemps » suspendues, parce que la religion est éternelle; mais le » domaine temporel doit être défendu par des moyens de

[1] *Retour à Dieu...*, page 25, dernier §, et page 26.

[2]   *Idem*,   page 23, lignes 7, 8...

[3]   *Idem*,   page 25, lignes 17, 18, 19.

» ce monde ; le gouvernement du Saint-Père le compren-
» dra. »

M. Billault ne me contestera pas que, parmi les moyens
à employer en ce monde pour conserver et accroître les
biens temporels ou autres que Dieu met à notre disposition[1], puis pour recouvrer ceux qu'on a perdus, notamment
l'habitude de bien faire et de repousser énergiquement la
tentation de faire le mal, on doit placer en première ligne
l'usage habituel de la logique et de la véracité. Or,
M. Billault se disant chrétien et catholique, il doit prouver sa véridicité en montrant, par ses paroles et sa conduite, qu'il croit, comme Jésus-Christ, qu'en cherchant
premièrement le royaume de Dieu et sa justice (c'est-à-
dire en ne suspendant plus l'étude des questions spirituelles), on obtiendra tous les biens dont on a besoin en
ce monde et on se mettra en position d'obtenir tous ceux
qui sont nécessaires dans la vie d'outre-tombe.

Puis, si M. Billault veut être logique, il s'apercevra
que la société civile et ses membres sont déraisonnables
quand ils prétendent avoir le droit d'abuser de leurs propriétés[2], et il verra qu'il fait preuve d'illogisme ou de
contradiction avec lui-même quand, d'une part, il dit
que la France doit respecter le principe de non-intervention, et, d'autre part, qu'elle doit rester à Rome. Il est
clair qu'en restant à Rome elle intervient et ne respecte
pas le faux principe de non-intervention.

En cela la France et son gouvernement ont parfaitement

<hr>

[1] *Retour à Dieu*..., page 19 , lignes 23 , 24 , 25.
[2]   *Id.*   page 17, ligne 20 et suivantes.

raison, ainsi que je l'ai montré, et ils ont raison aussi d'intervenir à Rome ; seulement il me paraît qu'ils peuvent et doivent le faire d'une manière *plus éclairée* (plus conforme à la pensée et à la volonté de Dieu).

Sans nul doute leur modération, c'est-à-dire les efforts qu'ils ont faits, sous la direction de l'Empereur, pour combattre leur faiblesse ou disposition invétérée au mal[1], sont louables, et nous ne devons pas les renier. Aussi Dieu nous en a-t-il tenu compte, en bridant l'anarchie chez nous et à Rome ; et c'est ainsi qu'à Villafranca l'Empereur a obtenu l'ajournement de l'anarchie ou conflagration européenne qui était sur le point d'éclater. Mais tant que la France et son gouvernement continuent à s'illusionner (à se figurer que l'homme a le droit d'abuser), Dieu ne peut, ne veut ni ne doit les délivrer d'inquiétude, au sujet de cette conflagration. Ainsi que je l'ai dit[2], le père commun ne veut pas pour ses enfants de transaction volontaire et surtout habituelle avec le péché : pour les hommes il veut la passion du bien et l'horreur du mal, tandis que d'ordinaire c'est la passion du mal et la haine du bien qu'ils manifestent. Par conséquent il n'approuve la modération que comme passage du mal au bien. La France et son gouvernement ne doivent donc plus se contenter de la situation (*statu quo*) qu'ils ont obtenue par leur retenue ; ils doivent faire de nouveaux et de plus énergiques efforts pour remplacer leurs tendances modérées par des tendances de plus en plus passionnées, au moyen desquelles

[1] *Retour à Dieu*..., page 24, ligne 6.
[2]   *Id.*   page 9, ligne 15 et page 10.

ils puissent remplir le plus tôt possible la fonction dont Dieu les a investis en les mettant au monde. C'est leur passé vicieux qu'ils doivent renier pour redevenir vertueux[1]; guidés par l'Empereur, ils doivent prouver à Dieu leur amour, en effaçant de leurs codes le soi-disant droit d'abus et la croyance à la divinité de Jésus-Christ[2].

Et maintenant il me semble facile de comprendre que si, sortant de sa modération actuelle, la France se passionnait pour le mal au lieu de s'enflammer pour le bien, l'anarchie européenne, étouffée à Villafranca, ne tarderait pas à renaître et à se développer ; les mauvaises passions intervenant avec énergie en France, en Italie, en Autriche, etc., l'excès des souffrances générales et particulières qu'elles engendreraient dessillerait infailliblement les yeux, et ferait rapidement rentrer toute l'Europe dans la modération, puis dans l'amour passionné de Dieu et de sa loi.

Si, comme je l'espère, M. Billault comprend ces choses, il voudra éviter à l'humanité de prodigieuses douleurs, et faire cesser progressivement les crises financière, commerciale, politique, religieuse, etc., qui tourmentent le genre humain. Dès-lors il prouvera à Dieu son amour, et, joignant ses efforts à ceux de l'empereur Napoléon, il l'aidera efficacement à couronner son programme en France, en Europe et sur la terre entière.

Que M. le Ministre me permette de le lui dire : tous les Français abusent plus ou moins de leurs facultés constitutives, esprit, cœur, sens, conscience, volonté, et des

[1] *Retour à Dieu...*, page 25, lignes 23, 24, 25.
[2] *Retour à Dieu...*, page 25, dernier §, et page 26.

objets qui sont destinés à satisfaire ces facultés. Les hommes qui abusent le moins, les juges, soit qu'ils siègent à leur tribunal, soit qu'ils exercent le commandement dans leurs familles, où aujourd'hui, comme au temps de Jésus-Christ, la division subsiste entre le père et le fils, la mère et la fille, la belle-mère et la belle-fille [1], les juges eux-mêmes sont d'ordinaire obligés de sévir contre leurs semblables, et ils sont habituellement dans un état de souffrance (de lutte ouverte ou cachée) qui n'est point naturel. Il est donc tout-à-fait urgent d'étudier les questions spirituelles ou religieuses, afin de rétablir l'état normal et heureux pour lequel le meilleur des pères a mis ses enfants au monde. Il est urgent que le gouvernement travaille à la destruction du mal et à la création du bien en lui-même et en France, afin d'obtenir progressivement de Dieu *la solution amiable* ou remplacement des luttes hostiles et des souffrances par des luttes émulatives et des jouissances de tout genre.

Sans doute cet écrit témoigne que je suis encore bien peu avancé dans ce travail ; mais m'adressant aux chefs les plus éclairés et les plus capables de l'ordre temporel (aux juges de mon pays), je ne leur fais pas injure en admettant que les moindres lueurs de la pensée divine leur suffiront pour qu'ils saisissent, développent et exécutent cette pensée. Cependant, comme ces lueurs ne peuvent jamais être trop grandes, et qu'elles pourraient ne pas l'être assez, je vais m'efforcer de les accroître, en ayant soin, bien entendu, de consulter le distributeur en chef de toutes les lumières.

[1] *Evangile selon Saint-Luc*, chap. XII, v. 49, 51, 52, 53.

9 782012 848696